날숨에 묻어 나오는 것은 사랑

손보배

도서출판
설익음

시인의 말

나고 지는 것에 대하여 각별히 생각하는 날이면
펜 끝에 봄이 녹아 계절의 이름이 적히곤 합니다.

나는 그것을 모아 시라고 부른 뒤
또 한 웅큼 모아 이곳에 들고 왔습니다.

이제 당신은 거꾸로, 그것을 낱낱이 들춰
스치는 순간을 응시하던 나의 날을 보게 되겠지요.

이렇게 선한 순환이 또 있을까요?

2021년 이른 봄

손보배

차례

시인의 말 - 4
차례 - 6

연이 질 무렵 - 10
정반대 - 11
해결할 수 없는 것 - 12
이 각도에서조차 - 13
창은 여전히 닫혀있습니다 - 14

거대한 순환 – 15
애처로운 유영 – 16
잊어지다 – 17
시 속 단골손님 – 18
체 – 19
작별 – 20
노력의 이유 – 21
텅 비어버린 날 – 22
사람을 잃는 경험 – 23
내 마음의 폭우 – 24
부족함 없는 외로움 – 25
추위의 속성 – 26
불가능한 일 – 27
얼어 죽은 것 – 28
실루엣 – 29
여운 – 30
연서 – 32
순수한 슬픔 – 34
당부의 말 –35
날숨에 묻어 나오는 것 – 36
여인 – 37
청춘의 기도 – 38
나지막이 – 39
사시춘四時春 – 40
할미 – 41
순결한 곳 – 42
틀 – 43
구원자 – 44
하해河海 – 46
옳게 가고 있다 – 47
확신 – 48
생략 – 49

낙화와 춤 - 50
좋은 사람 - 51
나 하나의 의미 - 52
첫사랑 - 53
그늘 - 54
균열을 기다리며 - 55
너를 중심으로 - 56
믿음 - 57
책갈피는 꽂지 말아요 - 58
계절을 두르고 있는 당신을 보다 - 59
신비로운 눈동자 - 60
재 속의 그대 - 61
남용 - 62
슬프지 않을 방법 - 63
구토감 - 64
미련 - 66
고요한 밤 -67
재회 - 68
모든 일에는 시간이 필요하다 - 70
운명 - 71
나의 고통 - 72
서러움 - 73
성인聖人 - 74
조용한 공간으로 가자 - 75
잔딧불 - 76
그리운 이 - 77
가을 낙엽 - 78
나는 무엇을 위하여 - 79
출근 - 80
잔생각 - 81
시간에 가려졌던 - 82
읊조림 - 83

나의 시는 들길의 시 - 84
혼자가 되는 기분 - 86
물의 이미지 - 87
당신의 인정人情 - 88
위로 - 89
감사의 말 - 90
봄의 햇살 - 91
눈 내리는 순간 - 92
흰 꽃의 형상 - 93
여린 마음과 달이 만났네 - 94
우울하지 않은 이유 - 95
너의 다정 - 96
가슴에서 시작되지 않고 - 97
감추는 것도 사랑 - 98
첫인상 - 99
변하지 않는 마음 - 100
알레르기 - 101
동심으로 돌아가게 하는 순간 - 102
외딴 설원雪原 - 103
화원 - 104
봄의 나라 - 105
기억해주세요 - 106
마음을 건네다 - 107
색의 이름 - 108
뮤즈 - 109
나의 연극 - 110

연이 질 무렵

질푸른 밤 서성이며 당신을 기다리다

시간이 흘러 별의 수부터 모양까지
다 헤아릴 수 있게 되었을 때

비로소 사랑이 저물었음을 알았네.

정반대

무더워지는 여름의 온도를 따라
내 사랑도 무르익길 바랐지만

우리는 서로가 보내는
계절의 방향이 달라

새싹이 피는 계절에 닿아버린 너는
익어가는 마음보다는
새로움을 원했으니까

나는 상해버린 마음을 가지고
겨울을 향해 간다.

해결할 수 없는 것

누군가와 관계를 잇는다는 것은
아직은
아니 언제까지고 쉽지가 않다.

너와 나 우리는
이 관계를 위하여 어디부터 얼마만큼
노력하고 성실해야 하는지

계절에 따라 그 깊이가 다르고
상황에 따라 또 범위가 다르고
상대를 원하는 마음의 양에 따라 다르기에

줄처럼 보이지만
무수한 점으로 찍힌 우리의 관계는
끊어질 듯 이어진 석류알 같은 모습이다.

이 각도에서조차

오늘 새벽에
가사가 아름다운 음악을 한 곡 들었다

사랑을 절감한 이유가
내 눈에 비친 너의 모습이
어느 각도에서나 빛이 나기 때문이라는 노랫말에

오래된 목조역에 피어오르는 난로의 열기로 덥혀지는
머나먼 타국의 정거장에서

이 각도에서조차
빛나는 너의 모습이 보이는듯한 나는

아직도 잊지 못했음을
절절하고 무겁게도 느끼고 있다

창은 여전히 닫혀있습니다

창가 너머로 별빛이 스산히 들어옵니다.

못해도 수백 년 전의 불빛일텐데
과거의 빛에 실려온 옛사람들의
애처로운 마음에 나까지 서글퍼져
창문을 닫습니다.

먼 훗날 누군가가 오늘의 별빛을 보며
그 안에 담긴 내 서글픔을 만나는 게 부끄러워
그후로 오랫동안 창문을 열지 못했습니다.

거대한 순환

함께한 시간 하나가 떠오르면
추억은 그 곱절로 묻어 나오고

묻어 나온 추억이
한 주먹 씨앗이 되어

그리워지는 마음 따라
꽃으로 피어나네

차차 여물다 언젠간 저무는 그 꽃은
또 다른 너의 이름이 되고.

애처로운 유영

깊게 잠들지 못해
푸른 새벽에 깨던 그날은
바닷속에서 눈을 뜬 것만 같아
숨을 참고 헤엄을 진다.

깊게 잠들지 못한 이유인
고민의 물결을 거슬러 오르고 싶어서

파닥파닥거리며
한 뼘 침대 위에서
애처로운 유영을 펼친다.

잊어지다

그토록 간절했던 순간들이
까마득하게 잊혀 저물어갈 때에
안타까움이 불현듯 손 틈새로 모여든다.

흘러가는 모든 하나하나가
사라지지 않았으면 해
저려올 때까지 꼭 움켜쥔다.

시 속 단골손님

시에 쓰인 사랑의 의미는
그보다는 그립다는 말

눈에 보이는 사랑의 관계는
드러내 보일 순간이 가득하지만

시에 쓰인 사랑은
다 가버린 것을 기록하는 일이니까.

시를 쓰면 알게 된다.

체

체를 했다
어쩐지 불안하더라니

밥 먹는 내내 돌을 씹어 삼키는 기분이어서
설마설마했는데
결국 가득 얹혔다.

씹어 삼킨 돌의 결이
나가는 감정을 막고
밀려오는 감정만 계속 채우는 모양으로 놔있다.

억지로라도 뱉고 싶지만
아픔들이 쌓인 방파제가
이미 너무 단단해졌다.

작별

당신과 나는 계절의 끝에서
서서히 저물어가는 꽃이네요

우리 다시 필 때는
사라질 일 없는 푸른 나무로 나오기를 바라요.

노력의 이유

나는 언제나 같은 마음이야.

누군가를 사랑하는 하루를 살고
이해하고 배려하는 행동을 나누는 까닭은

나의 오늘을 벗겨서
너에게 입히더라도 부끄럽지 않기 위해서

오랜 뒤 우리는
서로의 나날을 함께하게 될 테니까

아름다워지는 습관을
겹겹이 들여 가는 거야.

텅 비어버린 날

끝이 있음을 알면서도
"아직은 괜찮겠지" 하고 꺼내던
가슴 속 언어들이 이제는 다 닳아
바싹 마른 나만 남았다.

필요한 것은 시간임을 알면서도
말라 날카로워진 속이 아려와서

소리로라도 잔뜩 젖고 싶다.

비가 언제쯤 오려나.

사람을 잃는 경험

변한다는 것에 관하여 생각하다
한없이 슬퍼지는
가여운 마음이 있어서

관계는 변해도
사람은 변하지 말지 생각하는
내 모습이 안타까워서

옅게 부는 가을바람에도
흔들리는 느낌이 괴로워
안을 걸어 잠가보지만

움트는 추억이
사방에 만연하다.

내 마음의 폭우

나의 마음은 세로로 쓰여요.

내 슬픔은 내리는 비처럼
소리로 쓰이고
내 기쁨은 내리는 달빛처럼
은은함으로 쓰여요.

나의 마음은 이렇듯 형태가 없어서
언제 어디서나 불현듯 나타나니

비가 오고 밤이 오면
당신의 방 창가 너머를 소중히 해주세요.

부족함 없는 외로움

덩그러니 떠 있는
별 하나를 빼어다
밤하늘 어두운 곳을 배경 삼아
외로움에 대하여 쓴다.

별이 다 닳도록
끄적이다 보면
어느새 눈물자국처럼 색칠된 밤하늘에
별이 빠진 까만 구멍만 하나 남아

하늘과 땅에
작고 어두운 내가 둘이 되어
여전히 그리고 좀 더 외로워진다.

추위의 속성

시려지는 때를 적는 것은

아물어가는 상처를 벌려
들여다보는 일.

썩어가는 흔적을 들춰
구태여 어루만지는 일.

불가능한 일

뜨는 달을 보며
선명하게 살아있는
당신의 기억을 잊고 잠이 들면

만남의 기쁨과
한층 더 짙어진 애처로움을 달고서
아침 해를 따라 당신은 돌아오네.

얼어 죽은 것

가냘픈 저 달이
휘어지듯 내 마음을 찌르면

아픔에 소리가 새어 나오고
포도알 터지듯 찢어져
떨어진 나의 고민은

지상을 물들이다
천천히 얼어붙는다.

실루엣

비가 많이 내리던 날이었다

한눈에 진품을 알아보는
어느 위대한 고고학자의 혜안처럼
울긋불긋 피어난 우산의 행렬 속에서
실루엣 하나를 발견했다.

내가 아는 그가 맞다면
사람들 속을 파헤쳐
당장이라도 부르고 싶었지만

꿈에서는 목이 메어서
그 날은 빗소리에 묻혀
옴짝달싹을 못했다.

멀어져도 작아지지는 않는 실루엣.

여운

절망이라는 감정의 깊이를 느끼는
한 계절의 새벽이오.
무너지는 마음 사이로 아픔마저 함께 와
살얼음 낀 강물에 던져진 듯
뼈가 아리는 추위가 나를 덮었소.

이별이 이토록 불현듯 찾아올 줄을 몰라
당신을 기억한 것이라고는
짓이겨진 추억을 한곳에 뭉쳐
오늘도 조금 떼어먹는 일뿐이라오.

나의 또 다른 이여
언젠가 우리의 사랑은 여운이 되겠지요.
당신은 향이 나는 사람
그 어느 날 당신의 향기가
여운에 묻어 내 콧등을 스친다면
또 한 번 봄이 온 줄로 알겠소.

나의 또 다른 이여
언젠가 우리의 사랑은 동화가 되겠지요.
글이 되고 그림이 되어
머리에도 남고 가슴에도 남는
한 권이 되길 소망하오.

나의 또 다른 이여
다시 만나는 순간을 기대하는 일이
얼마나 나와 당신의 못이룰 꿈임을 알기에
영영 작별하는 숨 가쁜 마음으로
마침표를 뚝뚝 끊어 적소
부디 잘 지내시오.

연서

이별의 목전에
편지를 쓰자니
텅 빈 마음에 아픈 글자만 떠오르네요.

못다 한 말을 적을까
아니면 덤덤한 표정으로 이 밤을 지새울까
어떤 것도 어떤 말로도
달랠 길이 없네요.

어쩌다 사랑이 집착이 되고 이별이 되어
덜컥 우리를 찾아왔을까요?
결별을 견디는
담대한 마음이란 허구와도 같아
타는 듯한 고통은 내 것입니다.

아, 밤이 깊어 갈수록
이별을 붙잡고 있으니
역시 서글픈 글자들만 새겨지네요.

밤은 계속 이어질 테니
나는 놓는 법을 배워야 할 테죠.

이만 지는 달에 마음을 맡기고
오지 않는 잠을 청할게요.

순수한 슬픔

만감이 교차하는 그 순간에
우리는 어쩌면
사실은 하나의 감정일지도 모르는 일이다.

예기치 못한 상황에 당황했을 뿐이지
같이 슬퍼하고 있는 거니까.

연이 이어지지 못하는 순간이 오면
억만 개의 소용돌이 속에서
딱 하나만 붙잡고 하염없이 울자.

훨훨 날아가는 우리 나날을 상상하며
눈가가 메말라 쓰라릴 때까지
붉어진 눈으로 이별을 보자.

당부의 말

나의 글은
친절할 수가 없다.

당신의 마음을 겨냥하여
정확한 감동을 주는 일은

신만이 할 수 있는
왜소한 존재들을 위한 선물일 것이다.

나의 글은
넌지시 도울 뿐이다.

바스러지거나
사라지는 당신의 감정을 보라
하며 당부의 말을 전하는 것이다.

날숨에 묻어 나오는 것

문장의 흐름은 바람이 되어
당신 폐 속 깊숙이 스며들어
날숨에 묻어 나오는 것은 사랑

호흡이 나부끼는
우리 둘의 대화의 언덕에
찬란함이 머무네

여인

나의 걸음이 가는 곳

하루 온종일 그려낸
선명한 당신의 모습은

순리처럼
소나기를 기다리는
근사한 꽃
사계절의 처음.

청춘의 기도

하느님
잘 살고자 하는 욕심에 매몰되어
어제보다 더 나은 오늘을 만들려는 집착
그리고 까마득한 기준으로 스스로를 채찍질할 때
보시기 좋은 모양대로, 그러지 않아도 된다 하소서

비교하는 마음이 샘물처럼 솟아
나와 남을 미워하고
나와 남을 다르게 사랑하는
독 같은 속성을 거두어 주시고

미래를 불안해하기보다는
잠재된 가능성을 믿게 하시어
제 삶을 거룩하게 하소서

나지막이

그대 멍든 삶 꺼내어
하루 끝에 놓으면

나는 손이 닿지 않게
건네받아 쓰다듬으며
할 수 있는 가장 약한 위로로
천천히 돌보며
사랑을 표현할게요.

사시춘四時春

창밖에 내리는 봄비에
나른하게 마음이 젖어

기뻐할 일 없는
마른 날에

사랑을 전할까
진심이 차오르네.

할미

당신 팔을 조물조물하며
피부가 거칠거리다고 신기해할 때면
늙어서 그런다며
나이가 들어서 보드라운 것이 하나 없단다.

"나는 돼지처럼 먹어대니
살이 번들번들하잖아요
할미도 밥 좀 많이 드셔요".

당신 밥그릇을 떠올리자니 영 파랗다
기억에 남는 것이 별로 없다, 무심도 했지.

할미
당신 것까지 다 뺏아먹고도
아직 어른으로 못 자랐어요.
먼 나라에서 여기까지 손이 닿는다면
보드라운 손으로 괜찮다 다독거려주세요.

순결한 곳

청록빛깔 너의 마음
그곳에 들어앉아

세계를 선하게 지어 올리는
말간 네 진심을 만나네.

틀

아무렴 밤이 있다면
사랑이 어울리지

달 주위로 별을 놓으며
아득히 많은 피스의
밤하늘을 맞추고 나면

작품의 주위에
액자를 둘러야지

다채로운 우리가
틀을 이루어 마주보자.

구원자

네가 아니었다면
한 걸음도 나오고 싶지 않을 만큼
척박한 마음가지의 오늘.

작은 손에 이끌려
비탈길을 오를 때
힘있게 손 쥐여주는
너의 커다란 배려심.

중력에 나를 더한 무게를
구둣발로 이겨내고
별 아래 도달했다.

우리 둘을 비추는 별만이
생생하다는 말에
몇 달은 묵혔던 근심이 흐려진다.

너 무엇을 위해
뒤꿈치가 까지도록 힘을 다했는가.

고맙다는 말을 바라지 않는다는
저 해맑은 미소를 보라
나도 가섭처럼 따라 웃는다.

하해河海

사랑하는 내 아들에게.

맑고 파란 가을하늘이 알록달록 고운 단풍까지 더해져서
세상 제일 고운 빛을 내고 있는 듯하다.

혹시 네 동생이 반찬을 보내 달라고 하려나 했더니
괜찮다고 해서 모두 너에게 보낸다.
괜찮으면 주변 사람들과도 나누어 먹으렴.

장조림은 청양초와 생강으로 육수를 만들었더니
좀 매운 것 같다. 그래도 맛있게 먹어주길…

감기 조심하고 항상 지혜로운 사람으로 살아주길 기도한다.
사랑한다 내 아들.

※ 간장게장은 게만 따로 보관하면 더 오래 먹을 수 있단다.

옳게 가고 있다

시간은 겨울에 걸러져
남은 찌꺼기는 봄의 양분이 된다.

혹독한 이 시기에
나는 아무 이룬 것이 없어 괴로운데

인간은 자연의 소산이어라
찌꺼기가 봄이 된다면
내 실패도 되살아나지 말란 뜻은 없다.

확신

얼마나 더 많은 시간을
고난을 넘는데 사용할 지 모르지만

한 가지 분명한 것은

나는 전생을 바탕으로
보다 나은 지금을 만들어

서리 위에 싹을 틔우는
놀라운 봄이 될 것이라는
확신. 커다란 확신이다.

생략

안녕. 안녕.
그 말의 앞 뒤 사이 그리고 너머에
적고 싶었던 낱말들이
얼마나 많았던가.

하지만 어떤 말로도
다 담을 수 없어서
안녕이라고만.

낙화와 춤

"보여? 떨어지는 저 모습
내려오며 아름다운 춤을 추잖아."

떨어지는 꽃잎을 따라
눈동자로 춤을 추는
너의 모습도 보이네.

좋은 사람

천천히 보며
따듯하게 다가가기

서로를 사랑하는 방식엔
만 가지의 방법이 있다고는 하지만

손에 담고 싶은 인연이 있다면
항상 그리고 올곧게
천천히 따듯하게
따듯하게 천천히

나 하나의 의미

생각이 많아지는 날
그런 날은 유달리 밤이 빠르다

새카만 밤하늘에
달이 뜨고 별이 수를 놓으면
쫙 핀 손을 내밀어
그것들을 한껏 얼굴에 묻히고 싶다

달과 별이 잔뜩 묻었으니
나도 빛이 나려나
나도 반짝이려나

첫사랑

애틋한 감정의 이름을 한 치어들이
차츰 자라나 채워진 바다

다만 어부가 없는 바다

어부가 없기에
자라나는 감정들은 건져지지 못하고
끝을 모르고 채워져만 가는 바다.

그늘

시골 마당에 나란히 앉아 있을 때
당신은 종종 나와 함께 있는 하루가
그늘 같다며 웃곤 했다.

살다 보니 알겠더라
햇살 따가운 여름날처럼
하루 사는 게 따갑고 벅찰 때에

꼭 있더라
맑고 시원하여
그늘이 되어주는 반가운 존재가.

균열을 기다리며

수십 년 동안
섬세히 그려진
당신의 마음에

밤바람이 들고
사람이라면 필히 있을
순간의 외로움이 불어

틈이 생긴다면

나는 그 위에
스치는 옷깃처럼 부드럽게
내 이름을 쓰고 싶어요.

너를 중심으로

하늘이 맑은 날
햇살 따라 생겨난 너의 그림자에서
새삼스레 존재의 소중함을 느낀다

너를 이루고 있는 언어 혹은
빗대 표현한 사물이나
아니면 이 그림자에서조차

너를 중심으로 생겨난
저마다의 모습들이
하나도 남김없이 모두 아름답다

믿음

나는 진실히 너를 믿어

네가 뱉지만 네가 아닌 것 같은 가시 돋친 말에도
너의 몸짓이지만 새삼 낯설어지는 행동에도

내가 사랑하는 너는
닿을 듯 않을 듯 먼 별이니까

은은한 그 빛에
몰려오는 수많은 감정처럼
매일 다른 모습으로 다가온다고 믿어

곁가지도 나무인 것처럼
어떤 모습으로도 곧 너인 걸.

책갈피는 꽂지 말아요

우리 서로에게 한 권의 책이 되어
좀처럼 짧은 문장에도 흔들림 없는
감동이 되기로 해요.

마주보며 살아가는 책의 페이지처럼
우리도 맞닿고 맞닿아 더 가까워지기로 해요.

계절을 두르고 있는 당신을 보다

계절과 마주하고 있으면
당신이 생각나요.

가랑비에 옷이 젖듯
천천히 변해가는 계절은

형형색색의 감정으로
덧칠해지는 당신의 모습을 만나

때마다 알맞게 피어오르는
수많은 서로 다른 향이 되어

아주 큰 감상으로
나를 천천히 물들여 가요.

신비로운 눈동자

너의 눈동자에서
푸르게 흐르는 강물을 만날 때마다

그곳은
무엇을 비추기보다는
살아있는 모든 것들을
담는 공간임을 느끼고

나는 무수히 많은 그중에 하나로써
너의 안을 천천히 흐르는 경험을 하고.

재 속의 그대

혼자가 아닌 듯 혼자일 때
그러니까 외로울 때

마음이 계절과 부딪혀
타닥타닥하는 마찰음이
소소히 퍼진다.

불씨에서 먼지로
오늘 하루가 작아지고 사라진다.

그 속 유일하게 타지 않고 남은
재 속의 그대.

어두워지면 함께 죽자 해도
그럴 일 없다, 빛을 낼 거라 말하네.

남용

너무 고통스럽지만
추억을 곱씹다 보면
상실 같은 것이 나와
적게나마 외로움을 채운다.

계절이 수 번 바뀔 동안 씹어도
충분한 양이지만
갈수록 굳어져
입안을 온통 헤집어놓으니
오래도록 아프다.

슬프지 않을 방법

슬프지 않을 수 있을까.

추위는 적막함에 우울을 입고
살찐 몸으로
밤마다 내옆에 눕는데

간신히 하루를
누일 곳마저 침범당한
내가 나를 가엾이 여기는 일은
구슬퍼지기에 알맞다.

잠에 들어야 하는데
그래도 혹시
슬프지 않을 방법은 없을까 하는 생각에
밤 하나하나가 길다.

구토감

한 여름밤에
별이 사라지는 꿈을 꾸었다.
갈 곳을 모르고
어디에 서 있는지도 모르고.

무더운 그날
나는 열풍 속에 길을 잃고
어린아이의 마음으로

주저앉아 한참을 울었다.

현실은 전기로 덥혀진 이불 속 장판에
웅크리고 잠들었을 뿐이다.

슬픔에 곡기를 끊듯
순간에 스치는 허망한 사이에 지쳐
다 떨치고 잠들었을 뿐이다.

사랑은 머나먼듯하다.
언제나 그렇듯
나에게만 유독 더 아득하다.

텅 빈속에
이불 안 피어오르는 열기가 더해져
달랠 길 없는 구토감이 밀려온다.

미련

겨울의 나라에는
흐르는 것이 없어

굳은 시간 위로
길 잃은 이별들이 헤매인다.

곧 얼어붙은 것을
무엇을 말하고자 저렇게 죽을 듯 춤을 출까.

고요한 밤

고요한 밤
수화기 너머 들리는 모진 말
죽을힘을 다해 서로를 헝클어뜨리고

고요한 밤
후회로 산책하며
커다란 우울을 향해
터벅터벅.

재회

꿈에 나온 그대여
행여 아직 못다 보낸 마음이
연무처럼 피어
당신을 불러낸 것은 아닐까
죄스러울 따름이에요.

잘 지냈나요?
가끔은 밤을 덮는 당신의 생각에
남빛으로 동 터오는 새벽까지
뒤척이곤 했어요.

당신도 발갛게 물든 뺨을 들이밀며
잘 지냈냐고 묻네요.

나는 정말이지 잘 지냈어요.
이 순간을 위해
그동안의 모든 것이 설명될 정도로
반갑고 행복해요.

설명 못할 감격에
나 이제 꿈에서 깨어
당신 없는 단잠을 자요.

모든 일에는 시간이 필요하다

몰랐다
생을 지속하는 가운데
모든 일에는 시간이 필요하다는 것을.

만남이 시작되고 사나흘 후의 일이다
당신의 눈동자 속 생경한 어린 우주를 발견하고.

오십여일이 지난 뒤의 일이다
냉골 같은 내 손이 온기를 전할 기능이 있음을 알고.

오물이 흐르는 지상에서
진창에 빠지지 않게 나를 붙들어주고
위로 끌어올려 주는 것이 당신이었음을
오늘에서야 아네.

생을 지속하는 가운데
모르는 당신이 세계에 만연하니
시간이 필요하다.

운명

나는 태어날 때
어떤 맘을 담아 힘껏 울었을까.

힘들다며 울었겠지
덩그러니 떨어진 기분에
무섭다고 울었겠지

수십 년 흐르는 동안
한결같이
슬프고 외로운
나와 나의 시간.

나의 고통

나날을 나유타那由他의 낱장으로 쪼갠 뒤
온전히 보내는 일은 괴로운 것이다.

실로 괴로웠다.

새벽부터 쪼개진 고통이
황혼까지 불어나는 끔찍함을
당신은 아마 모를 것이다.

서러움

외풍에 시린 발을
몸 안으로 잔뜩 웅크리고 나면

보이지 않는 추위를 피하는 일에도
열정을 다해야 하는 현실이 슬퍼

새벽을 부둥켜안고
글썽글썽 별을 떨군다.

성인聖人

무엇보다 끔찍한 것은
너를 마주하기 어려워지는 일
그것은 내가 가진 죄의 표현.

하루 중 뜻대로 되지 않는 일들이
뾰족하게 폐를 찔러 호흡이 더딘데

살아남고자 하는 욕망은 커다래
그나마 차오르는 숨을 나눌 수가 없었다.

나와 마찬가지였을 텐데
그럼에도 끌어모아 생을 나누는
네 행위가 당혹스러워

두 눈을 마주해 너의 깊은 눈동자를
바라볼 수가 없었다.

조용한 공간으로 가자

소음을 참는다
민감함에 따라 차이가 있지만

오늘은 어쩐지
거리의 웅성거림도 두통으로 온다.

창백할 정도로
조용한 공간으로 가자.

모두가 입을 다문
달 위의 천국에서

지겨운 것들을 잊고
부족한 아침잠을 자자.

잔딧불

추위에 메마른 내 안에
차가운 불이 난다

불길은
봄부터 길러낸 다정함을 다 태우고
그을린 자국만을 남겼다

남은 것이 없어 가벼워진 나는
머리 위를 수놓은 별의 무게에도
쉽게 무너진다

그리운 이

누군가를 잃어야
시를 쓸 수 있게 된다면

평생 글을 몰라
연서 한 통 적지 못해도 좋다.

꿈에서만 잠시 보는 것이
하루 전부를 뒤짚어놓아
슬픔이 위에서 쏟아질 바에

당신을 글 아닌
눈으로만 담으련다.

가을 낙엽

날이 어둑해지니
잎이 젖 먹던 힘을 다해
가지를 붙잡는다.

누구 하나 없는
흙 위로 추락하는 게 두려워

볕이 들면
외로운 이의 정수리에
살풋 내려앉겠다고 하네.

나는 무엇을 위하여

점심을 비우고
자리로 돌아왔다
하나가 빠졌지만
알아차리기엔 늦은감이 있다.

사람들이 문을 막고 서있다.
아니 빠르게 움직여서
멈춘 것처럼 보인다.

일층 카페까지는
아무래도 어려울듯하다.

가심으로 먹은
박하사탕에 입 안이 온통 달다.

하루를 망치게 된다면
누굴 탓해야 하나
한 잔 여유가 너무 어렵다.

출근

창공에는 저항이 없어
바람이 쉬이 불어댑니다.

나는 동여맨 옷 틈 사이로 오는
찬 기운에 잠을 번쩍 깹니다.

새벽이 다 가지 않은 탓에
아직 파아란 하늘입니다.

나는 하릴없이
일하러 가야만 하는데

거리 곳곳에
서글픔이 가득 배여 옴짝달싹을 못 합니다.

잔생각

여름 밤공기가
마음에 싹을 틔워
생각에 젖는 날이면

차라리
계절을 모르는 마음이 되어
편하게 지내고 싶을 때가 있지

안타깝게도 너무 많은
내 마음의 결.

시간에 가려졌던

한 하루 혼자일 때
일전에 못 보았던
끝에 밀어 놓은 네가 보인다.

뭉툭한 진심을 깎아서 만들어진
수려한 네 모습이 말하기를
긴 시간 동안 흐트러짐 없이
마음 끝에서 기다렸다 한다.

친숙함에 물들어 못 보았던
너 하나를 집어 들고
심장에 꾹 눌러 끼운다.

읊조림

내 시간과
사사로운 감정
관통하는 외로움
망념
헛짓거리
그리고 당신이
시가 된다는 걸
아는 사람은 많지 않다.

나의 시는 들길의 시

한 여인이 말했다. "사람들이 좀 더 공감할만한 시를 써보는 건 어때?"
그 뒤로 한참을 고민했다.
진정한 시인이라 불릴만한 이들은 모두 공감의 영역에서 어떤 경지에 이른 것일까?
기성 시인의 시집을 펼쳤다.
잘 모르겠다. 이것이 공감일까? 시를 읽고 방울방울 떠오르는 생각이 공감이라 함은 그런가 보다.

나는 나만의 시를 쓰고 있다고 생각했다.
또한 계절을 포착하고, 꽃을 노래하며, 당신과 이어진 인연의 기다란 끈을 퉁기며 서정을 연주하는 일이야말로 자연이 시인에게 부여한 소명이라고 생각했다.

하지만 믿음의 반석이 흔들린 나머지, 위에 쌓인 모든 것들이 위태롭다.
혹시나 독단적인 감상평을 청록의 시라고 자위

하며
멀리멀리 여기까지 온 것이 아닐까 하는 생각에
덜컥 숨이 막힌다.

마음 안에 춤을 추던 시어들이 온통 멈춰 섰다.
그리곤 자신의 이름을 묻는다.
"파란만장한 삶을 살아가며 죽을힘을 다해 모아
온 나의 외피들이야."
하고 말해주고 싶은데
입 주변에 뭔가 바싹 붙어 떨어질 생각이 없다.

아무래도 독한 겨울이 배겼나 보다.

혼자가 되는 기분

혼자가 되는 기분은
막을 방법이 없다.

내 오늘이 어땠는지 전혀 신경 쓰지 않고
혼자가 되는 기분은
가능한 최악의 형태로 나를 북북 찢는다.

가끔은 그 치밀함에 감탄한다.
가장 행복한 순간 뒤에 웅크리고
용수철처럼 튀어 오를 준비를 하는
저 구불구불한 우울함이 싫다.

물의 이미지

바다에 발을 담근
당신의 미소

첨벙이는 것은
너울거리는 나의 마음이에요

당신은
산산이 부서지며 빛이 되는
물의 이미지

당신의 인정人情

당신의 인정은
나로 하여금 세상을 더
따듯하게 바라볼 수 있게 해요.

거리를 수놓은 청춘의 행렬에서
저마다 다른 꿈을 꾸는
그들의 이면을 바라볼 수 있게 해요.

더 사랑하고 애틋이 여기는
인연의 음을 노래할 수 있게 하고
다치고 조각난 내 안을
얼기설기 붙여 살아갈 수 있게 해요.

얼마나 다행인지
참 고마운 일이에요
당신을 만나게 되어서.

위로

지친 어느 날
당신의 고요함으로 위로받을 때

슬프지 않아도 슬픈 사람이 된
낯선 사실에 행복해진다.

감사의 말

녹색에 덮인 들에
가끔 하나씩 놓인 붉은 꽃

언제나 나를 위해 기도하는 그댈 위해
꽃에게 전하는 감사의 말

"너 언제부터
내겐 없는 하나의 빛깔을 채워주었나".

봄의 햇살

꽃 말고
개화의 틈을 비추는
봄의 햇살이 되기를
열렬히 사랑하는 이여

시들거나 병드는
살아 있는 것 말고

온기를 머금은
봄의 햇살이 되어
세상에 오래 남기를

눈 내리는 순간

어떤 밤
사그락 눈 내리는 소리에
내일 아침
발자국 남길 상상으로 들떠있다면

녹아 물이 될지
얼음이 얼지 모르는데
펑펑 나부끼는 순간을 즐기자.

흰 꽃의 형상

기록하지 않으면 사라지기에
내 작은 노트 한 편에

변함없는 선함을 삔 꼽고
세상을 보듬는
그대 그려두었네.

여린 마음과 달이 만났네

바람 하나 없는 언덕에
풀들이 엉겨 휘날린다
있는 것이라고는 희멀건 달빛인데

내 마음도 풀에 엉긴다
달이 불어대는 아련한 빛 때문에
다시 풀 일이 막막할 정도로
빽빽하게 빽빽하게

우울하지 않은 이유

나의 오늘 하루가
한 순간도 우울하지 않은 이유는
틈으로 끼어든 당신의 생각에 너무나도 바빠
슬플 여유가 없기 때문이에요

너의 다정

예고 없이 나타난 겨울입김에
이리저리 치인 몸과 마음이 춥다 하면서도
얼어 죽지 않고 버텨냈다
그래, 너의 다정이 있어 얼마나 다행인지 몰라

가슴에서 시작되지 않고

아마 우리의 사랑은
발가락 끝 언저리부터 시작되지 않았을까?

깊은 곳에서 왔으니까
더 강하게 오지 않았을까?

감추는 것도 사랑

우리는 언제나
쉽게 사랑하고 또 사랑하지만

때로는
용기 내지 못한 곁눈질도
사랑의 증거로써 여겨주세요.

첫인상

불현듯 만난 당신은
십이월의 공기에 얼어붙은
그믐달의 모양처럼
깨끗하고 아름다워요

변하지 않는 마음

홀로 마음에 간직한 게
꼬박 세어 한 해를 채웠네요

비가 오나 눈이 오나
추운 나라 바람 타고 외로움이 오나

난 아주 곧게
그리고 하나의 결로
오롯이 당신만을 생각했어요

시간은 흐를테지만
나는 언제나 그렇듯
애절하게 타는 마음 안에
당신을 간직할래요

알레르기

너무나 아름답던 오뉴월에
당신 입던 흰 원피스처럼
달빛은 바람 타고
커튼 아래로 살랑거리며
온 마음에 서서히 든다

달빛에 보풀이라도 달려 있나
마음이 한껏 간지러워져
긁다 지쳐 가만히 두니

부풀어오르기 시작한다
볼록하게 사랑이 차오른다

동심으로 돌아가게 하는 순간

새벽 햇살이 창을 타고
너의 얼굴에 닿을 때

나는 어쩌면 좋지
참을 수 없는 감정에

민들레, 소낙비와
가을에 처음 떨군 낙엽 그리고 눈꽃

그걸 마주한 다섯 살 아이의 마음처럼
꺄르륵 하고 까무러치는 순간을
나는 어쩌면 좋을까.

외딴 설원雪原

검은색 크레파스를 집어 그림을 그릴 때면
엄마는 기왕이면 곱고 밝은 희색으로 칠하라고
하셨다

검은 것은 나쁜 것일까?

눈이 펄펄 나려 곱게 쌓여도
사람의 발자국이 남아 검은 물이 될 때면
어느새 들뜬 기분은 푹 가라앉았다

검은 것은 나쁜 것일까?

그런데 내 마음속은 참 희다
홀로 사랑하는 당신이 한 번도 찾아주지 않아
거대하고 깨끗한 흰 초원의 눈밭이다

조금은 검어도 괜찮은데

화원

햇빛이 유달리 백색으로 빛나
눈 내리는 여름 같은 날.

순옥과 소년이 피운 사랑이
나를 간지럽히던 소설 속 공간처럼
대로를 따라 코스모스 피었네

다음에는 함께 걸어요
이 생소한 화원을.

봄의 나라

302호 사는 옥분 할머니께는
두 번의 봄이 있다

꽃을 피워 실바람을 맞이하는 계절의 봄과
할머니 머리맡에 웅크리고 자는 갈색의 봄이 있다

할머니는 갈색의 봄이 얼마나 소중한지
계절의 봄이 오기 무섭게 밖으로 데리고 가
봄에게 봄을 소개한다

세월을 이겨내느라 말라버린 할머니의
겨울같이 차가운 손에
봄바람이 한 줌, 멍멍 짖는 갈색의 봄이 하나
소녀에게는 지금 온통 봄이다

기억해주세요

후-
봄 타고 날아라

내 마음아
봄기운에 취해서
비틀비틀 부는 하늘바람에 실려

그이의 손틈 사이에
클로버로 끼워져
오래오래 남아라

마음을 건네다

개울물이 흐르는 소리에
소년이 입을 연다.

마침 새 한 마리 울어
또렷이 듣지는 못했지만

잔잔히 흐르는 물위로
소녀의 발개진 뺨이
우련히 물든다.

색의 이름

옅은 내 존재감에
색을 더해주는
훌륭하며
따듯한
당신들에게
나의 무수하게 쪼개진 하루를
공손히 대접하고 싶다.

뮤즈

그는 소리를 들으려 한다
특히 달마다 들리는 것에 대하여.

일월은 외로움을 밟아 내는
미세한 파열음에 집중한다.

밤거리에서 집 안으로
소리가 점점 짙어진다.

그는 몸을 일으켜 손님을 맞이한다.
"내 감정의 원천, 시의 어머니."

나의 연극

무대에 올라
관객의 소음에 귀 기울여
탄생의 순간을 기다린다.

막이 오르면
광야의 중앙으로 나아가
동주의 시처럼
주위의 어둠을 조곰 내몰고
문드러진 오늘을 위로하는
대사를 읊는다.

선한 극장에
빛이 들어온다
완전한 백야白夜.

날숨에 묻어 나오는 것은 사랑

1판1쇄 인쇄 2021년 3월 22일
1판1쇄 발행 2021년 3월 24일

지은이 손보배
디자인 및 편집 김윤지
출판 도서출판 설익음

주소 인천광역시 미추홀구 용현동 134번길 6
     401호
전화번호 010-3359-5427
메일 showered@naver.com